MEIN BILD VON MÜNCHEN II
UNSERE STADT KLISCHEE-BEFREIT

SERVUS

Unser Aufruf an alle Hobby- und Profifotografen war klar: „Schickt uns Euer klischeebefreites Foto von München! Zeigt uns unsere Stadt so, wie man sie kaum kennt!" Nach dem großen Erfolg von „Mein Bild von München" im Jahr 2008 wussten wir, dass eine Fortsetzung folgen musste, die wir jedoch etwas spezieller gestalten wollten und mit dem Motto „Unsere Stadt klischeebefreit" ergänzten.

Wie sich zeigte, fällt es nicht allen leicht, sich von den gängigen Klischees Münchens zu lösen. Und so fanden sich unter anderem Bilder vom Marienplatz, dem Englischen Garten, der Isar und dem Olympiagelände bei uns ein. Motive, die wir ursprünglich nicht vorgesehen hatten. Doch offensichtlich lieben viele Münchner die Klischees ihrer Stadt und vielleicht machen gerade auch diese ihren besonderen Reiz und ihre Schönheit aus. Und während Einwohner anderer Städte die Touristenzentren meiden, genießt der Münchner den Platz auf der Bierbank am Chinesischen Turm genauso wie der Japaner. München ist einfach toll, so wie es ist, samt all seiner Klischees. Und deshalb lieben wir auch jene Bilder, die uns so vertraut vorkommen.

Es gab aber auch die anderen Bilder. Szenen, die wir nicht mit München in Verbindung bringen würden. Aufnahmen, die uns überrascht haben und die eine bayerische Landeshauptstadt zeigen, wie wir sie bisher nicht kannten. Und so ist ein Bildband entstanden, der die unterschiedlichsten Facetten unserer Stadt zeigt. Fotos, die vielleicht nicht immer technisch perfekt sind, die aber eine Geschichte erzählen. Vertraut oder fremd? Schön oder hässlich? Real oder surreal? Entscheide selbst!

Viel Spaß mit **MEIN BILD VON MÜNCHEN II** – UNSERE STADT KLISCHEE-BEFREIT!
Hans und Meik

TYPISCHE **MÜNCHEN KLISCHEES** AUS DER SICHT UNSERER FOTOGRAFEN IM BUCH:

HAWAII IM ARNULFPARK ODER HULA-HULA IN DER BETONWÜSTE VON WILLI HAAS
Der Arnulfpark ist ein relativ neues Wohngebiet zwischen Hackerbrücke und Donnersbergerbrücke. Durch die kühle Architektur wirkt es gleichzeitig modern und unbelebt. Mir gefallen die kleinen Ausbruchsversuche der Bewohner, die an manchen Balkonen zu erkennen sind. Vielleicht sitzt am Feierabend einer unter seinem Sonnenschirm und träumt sich nach Hawaii.

S-BAHN OLYMPIASTADION VON ILONA BRUNDIERS
Vor einiger Zeit habe ich die alte S-Bahn Haltestelle am Olympiastadion besucht. Die Haltestelle wurde extra für die Olympischen Spiele 1972 gebaut. Danach war sie noch einige Male für spezielle Events in Betrieb. Inzwischen ist die Station zerfallen, von oben bis unten mit Graffiti verschönert und wird abgerissen. Dies ist mein Lieblingsbild aus der Serie. Obwohl der Bildinhalt sehr reduziert ist, erkennt man auf den ersten Blick, dass es sich mal um eine Bahnstation gehandelt hat. Ebenso sieht man sofort den fortgeschrittenen Zerfall.

OLYMPIAPARK VON PHILIPP LUTZ

Der Olympiapark ist meiner Meinung nach der schönste Park mit Kulturwert in ganz München, er bietet eine Menge Möglichkeiten seine Freizeit zu verbringen und lädt zu unzähligen Veranstaltungen ein. Der Park ist für mich klischeebefreit da er meiner Meinung nach so vielseitig ist, sozusagen ein Platz für jedermann. Er lässt sich nicht einen Stempel aufdrücken und man kann ihn auch schlecht in eine Schublade stecken. Das Panorama wurde während eines Foto-Ausflugs mit einem Freund an einem schönen Frühlingsabend aufgenommen und aus fünf Einzelaufnahmen zusammen gesetzt.

BILDERSERIE **GEFÄLLT NICHT JEDEM** VON PHILIPP RUDOLPH

Jeder kennt es: man steht bei Konzerten entweder vorne, ist den Künstlern ganz nah, aber hat keinen Platz und kann nicht aufs Klo. Oder man steht hinten, kann immer schön Bierchen holen, aber bekommt von der Show nur einen Bruchteil mit. Beim Sommernachtstraum mit Scooter, Heino und Nena im Olympiastadion hatte man beides. Einen luftigen Standort genau vor der Bühne und massenhaft Platz zum Tanzen. Da hätten noch deutlich mehr als 99 Luftballons Platz gehabt.

URBAN SILHOUETTES I VON SVEN KÖRBER
Das Foto ist das erste in einer ganzen Reihe von Bildern; sie entstanden rund um den Arnulfpark, zwischen Hackerbrücke und Donnersberger Brücke. Dieses Gebiet durchquere ich täglich auf dem Weg zur und von der Arbeit. Es ist noch im Werden: Zwar ziehen immer mehr Firmen dorthin, aber das Umfeld fühlt sich noch recht anonym an. Die Distanz zu den dunklen Personen-Silhouetten und die kühle Farbstimmung geben davon einen Eindruck.

FROSCH IM TOR VON MONIKA HAGEMANN-ULMS
Ein neuer Blickwinkel eines bekannten Motivs: dieser kleine Frosch befindet sich im Eingang des Turmportals zum Prunkhof des neuen Rathauses, Marienplatz.

LEDERHOSEN-EXPRESS VON FIONA SCHWEIZER

In einem Pressetext zu diesem Wettbewerb heißt es: „München endlich ohne Lederhosen!". Für den Verfasser sind die genannten Kleidungsstücke und sicher auch deren Träger negativ besetzt. Auch bei mir war das so, bis ich durch den „Lederhosen-Express" eine neue Interpretation der alten Krachledernen kennen lernte. Junge Unternehmer gründen eine nachhaltige Firma mit viel Esprit und Elan, ohne auf Tradition ganz zu verzichten. Das braucht München: Verstaubte Traditionen mit frischem Wind! Hier mit dem Fahrtwind von Rikschas…

OIDE WIESN VON PESCHE SCHULER

ABENDSPORT VON JACQUELINE ESEN
Fast jeder kennt Hellabrunn und den Flauchersteg mit seinen „Nackerten". Auf dem Weg dorthin fährt man entweder über die Schönstraße oder mit dem Rad durch die Flaucheranlagen entlang der Isar. Auf der anderen Seite der Schönstraße wohnt es sich ruhig und beschaulich. Die Leute sind bodenständig und pragmatisch, alles andere als Schicki-Micki. Zwischen den schmucklosen Häusern aus den 50er und 60er Jahren liegt eine von hohen Zäunen und Hecken abgeschirmte Kleingartenanlage, eine grüne Bastion – geschlossene Gesellschaft. Ganz am Ende, wo es nicht mehr weitergeht, und wo sich nur noch Jogger hin verirren, kann man den Kleingärtnern in der kalten Jahreszeit beim abendlichen Eisstockschießen zuschauen. Nur die Glocken der imposanten Templerkirche erinnern einen dabei gelegentlich, dass die Zeit nicht stehengeblieben ist. Ich mag diesen Ort, weil er eine beschauliche Ruhe ausstrahlt, und ich mag die Menschen, weil sie ihre Zeit mit einander verbringen, ohne dabei ständig auf ein Handy zu schielen.

EIN LAUER SOMMERABEND IM JULI VON HANS KELÉN
Boule im Hofgarten – für mich genauso spannend wie entspannend.
Das Gefühl absoluter Konzentration, alle Gedanken sind wie gelöscht
und man fokussiert sich nur auf diesen einen Wurf – einfach schön.

DA IST ES JA… VON JOHANN REISZ

Das Foto wurde gemacht in den sogenannten „Gärten der Potenz" oder auch „Zellgärten" genannt. Diese waren ein Teil der Bundesgartenschau 2005, die damals ja im jetzigen Landschaftspark München Riem stattgefunden hat. Diese abgesenkten Gärten befinden sich an der Promenadenstraße der Messestadt. Sie sind optisch sehr gelungen und werden von den Anwohnern gerne als Erholungsraum genutzt. Ich besuche den Landschaftspark Messestadt Riem oft und gerne, da er für mich ganz in der Nähe liegt und einen Ort zum Entspannen, Radfahren, Fotografieren und Baden bietet. Im Frühjahr sind die Flächen mit unzähligen blühenden Blumen übersät. Das Motiv ist ganz spontan entstanden, als der Mann auf dem Foto in den Ziergrasstauden nach seinem Modellflugzeug suchte. Deshalb der Name für das Bild. Das Foto läßt mich an einen Zen-Garten denken und entpricht somit nicht dem Klischee eines München-Motivs. Es regt zu der Überlegung an, was sucht der Mann dort? Gleichzeitig strahlt die Grünflache Ruhe aus und sieht aus wie wogendes Meer in Grün.

BILDERSERIE **TH-CUP 013** VON STEFANIE GIESDER

Nun ist er vorbei, der TH-Cup 2013. Wir stehen auf der Fußballwiese und schauen zum Hochhaus hinüber. Auch auf den Balkonen waren heute viele Fans. Im alljährlichen Wettbewerb sind alle Tagesheimschulen Münchens gegeneinander im Fussball angetreten. Es wurde hart gekämpft, gewonnen und verloren. Für uns hat es nur zu Platz 13 gereicht, aber nächstes Jahr, da holen wir ihn, den Pokal!"
Die Fotoarbeit „TH-Cup 013" ist auf dem Schulgelände der Grund- und Mittelschule an der Hochstraße in Haidhausen entstanden. Vom Pausenhof und der Fußballwiese aus schaut man auf die Rückseite des Hochhauses an der Franziskanerstraße.

LAIM VON SANDRA WESTERMANN
Ich kenne kaum Laim. Ich lief einfach umher, um die Stadt zu entdecken, bis ich in Laim auf diesen Platz kam. Hier ergreift mich nun das milde Gefühl, dass ich doch noch in einem ganz normalen Wohnviertel lebe. Außerhalb des Zentrums. Fern der Touristen. Doch nach einer Weile keimt ein unbehagliches Gefühl in mir auf. Es ist still. Zu still. Ich schaue mich wieder um. Dieser Platz ist menschenleer. Einzig ein kahler Baum versucht diese Einsamkeit zu besiegen. Verlassen versuche ich diese ruhige Leere zu erfassen. Ich bin allein.

OPERNPUBLIKUM VON SEBASTIAN SCHREINER

Es wurde auf der Maximilianstraße aufgenommen und zeigt einen Teil der Fassade des Nationaltheaters mit einem Werbeplakat für eine Aufführung. Das typische Klischee für die Maximilianstraße sind die hochpreisigen Geschäfte, deren Kunden und die dazugehörigen Autos, da tritt die Hochkultur oft in den Hintergrund. Dieses Bild entstand beim Experimentieren mit den Leuchtkästen an der Fassade des Nationaltheaters.

UNTER BEOBACHTUNG (2010) VON PETER CORBISHLEY
Verdächtiges Grünzeug bei der Residenz-Sanierung. (Aufgenommen am 11. September vor der künstlichen Kulisse der Residenz Fassade).

VERLOCKUNG IM HINTERHOF
VON MICHAEL EDER
Das Bild entstand für den Bildband „Haidhausen", der Ende September 2013 herauskommen soll. Beim Durchstreifen der Haidhauser Hinterhöfe habe ich diese Szene entdeckt und natürlich sofort fotografiert.

VORHÖLZER VON MARIA LOBISCH
Die Dachterasse des Vorhölzer Forums auf dem TU Gelände in der Arcisstraße 21 steht vor allem für bombastisch kitschige Sonnenuntergänge inklusive Alpenpanorama und Blick auf Königsplatz und Pinakotheken. Vor dieser touristentauglichen Kulisse präsentiert man sich an der Technischen Universität gerne. Aber nachts, wenn fast alles schläft, kommen die Studenten um hier heimlich am Glanze des universitären Olymps teilzuhaben.

NÄCHTLICHE FRÜHLINGSRUHE VON REGINA GANSCH
Nach einem hektischen Tag bot sich mir am Seiteneingang der Kirche St. Ursula in Schwabing ganz unerwartet zu später Stunde eine Frühlingsidylle, die mich das mittlerweile aus allen Nähten platzende München vergessen ließ.

PRINZREGENTENSTRASSE VON RITA RUDOLPH

Das Jahr 1972 hat mein Leben verändert. Ich bin im Alter von 20 Jahren aus der Region Passau nach München gezogen und dieser wunderbaren Stadt bis heute treu geblieben.

AUS DEM FENSTER VON RENATE PIEPER
Blick aus dem Fenster in unserer damaligen Wohnung
in der Clemensstraße 70, Schwabing.

BIER, MUSIK UND SONNENUNTERGÄNGE VON NICO UND OLI VOM HEIMERANPLATZ
Unser schönster Platz, um München zu genießen.

SCHWABINGER 7 VON GERHARD GRABSDORF

Das Foto wurde knapp zwei Monate, am 25.4.2011, vor der Schließung der Schwabinger 7 aufgenommen. Die Kultkneipe, die in den Fünfziger Jahren in einer Nachkriegsbaracke eröffnet wurde, musste einem für München typischen Investorenprojekt mit Luxuswohnungen und -läden weichen. Durch die Proteste gegen den Abriss ist die Schwabinger 7 auch zu einem Symbol für den wachsenden Widerstand gegen die fortschreitende Gentrifizierung in München geworden. Mit einer Fotoserie dokumentiere ich die Zerstörung des Alten, das Verschwinden von Handwerk, Läden, Plätzen, Leben und die Vertreibung der alteingesessen Bewohner der Stadt durch Politik und Investoren.

PART OF MUC VON ONDREJ HRUBY
Als ich durch München spazierte, habe ich eine Frau gesehen, die auf einer Löwenstatue ritt, Jugendliche, die am Rathaus die Sonne genossen haben, und Surfer, die vor Publikum ihre Skills zeigten. Es hat mich weniger ein Ort besondes angesprochen, nicht zuletzt, weil ich nicht jeden Winkel Münchens und alle Sehenswürdigkeiten sichten konnte, es hat mir die Atmosphäre angetan.

TAXI RELOADED
VON MELANIE GEILICH

Egal ob in China, London, New York oder eben München, Taxis findet man weltweit. Auch wenn sie in jeder Stadt anders aussehen wie z. B. in London oder anders funktionieren wie z. B. in Indien, wo die Hupe als Blinker verwendet wird, haben sie dennoch alle eines gemeinsam – sie befördern Menschen von A nach B und das Taxameter berechnet die Taxe, nachdem das Taxi benannt worden ist. Das Bild entstand auf der Brücke der Kurt-Haertel-Passage, die die Verbindung von der Hackerbrücke zur Wiesn ist und damit zumindest für mich, die im Westend lebt und diesen Stadtteil liebt, München klischeebefreit widerspiegelt.

IL PALLONCINO VON KATRIN BLASCHKE
Ein weißer Luftballon – mitten in München an einer Brücke befestigt. Es passte einfach, als wäre es total normal, dass genau an der Stelle ein Luftballon war. Es war der erste warme Tag seit langem. Ein Sonntag. Unterwegs mit Freunden. Es wurde gelacht und alte Geschichten ausgepackt.

OLYDORF VON DORRIT & EICHHORN PRODUKTION
Die neu gebauten Wohneinheiten im Olydorf sind jetzt noch kleiner, damit die Studenten, die betrunken heimkommen, dort nicht mehr umfallen können. Das früher für freie Graffiti bekannte Olydorf darf heute nur mehr nach genehmigten Entwurf gestaltet werden.

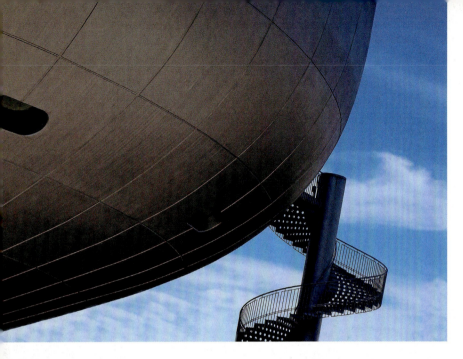

BILDERSERIE **RAUMSCHIFFE UND ALIENS IN MÜNCHEN** VON BIRGIT BREUN
Gerne streife ich mit meiner Kamera durch München, um schöne und unbekannte Fleckchen zu entdecken oder Münchens Sightseeing aus ungewöhnlichen Perspektiven oder in Detailausschnitten zu fotografieren. Das BMW-Areal im Münchner Norden ist immer wieder einen Besuch wert und bietet außergewöhnliche Ein- und Anblicke.

PENTHOUSE 2
VON DOROTHEA KLOCKOW
Himmel über München: Er hat mehr zu bieten als nur den weiß-blauen Hintergrund für das Oktoberfest, auch wenn er nirgendwo so schön blau ist wie über München. Und: An der Ampel kann es sich manchmal lohnen, beim Warten auch mal woanders hinzuschauen als auf das rote Licht.

VERANTWORTLICH ÜBERNOMMEN VON PETER HARENGEL
München stapft durch den Winter. Und irgendwer hätte gerne irgendwen zum Verantwortung übernehmen. Für den Winter. Für München.

KULT-ORT FISCHBRUNNEN AM MARIENPLATZ VON NORBERT HABERKORN

Der Fischbrunnen im Zentrum Münchens, auf dem „Kult-Platz Marienplatz", ist mehr als ein Schmuckstück im Stadtbild in der Nachbarschaft zur Mariensäule, dem zentralen religiösen Kultplatz mitten in München. Der Fischbrunnen ist auch ein Kultort „undercover"; für Jugendliche respektlos ein zentraler Treffpunkt und Feierort. Jetzt, am Spätnachmittag des Faschingsdienstags, ist er ganz besonders befreit von jedem Glamour. Die Spannung des Ortes zwischen Leere und Trostlosigkeit nach dem Kult und der Magie des Feierns tritt hier, in diesem Moment, unvermittelt in Erscheinung. Dies und die spontane, zufällige Ästhetik von Glas, Schnee, Eis, Wasser und der kühlen Farbtöne des Ortes waren für mich im Moment des Vorbeistreunens Auslöser, diese Situation im Bild festzuhalten.

WIESN 1 PROMILLE VON RICHARD GEITH
Aufnahme während des Oktoberfestes 2010, Theresienhöhe, Nähe Alter Messeplatz; irgendeine Auseinandersetzung (bestimmt war „Promille" im Spiel), die Rettungsdienst und Polizei erforderte; junge Männer im „Wiesn-Outfit" und nicht mehr ganz nüchtern nähern sich neugierig; die Wiesn – eines der bestorganisierten, -bewachten und -versorgten Massenspektakel (um nicht -besäufnisse zu sagen); klischeebefreit ist das Bild dadurch, dass der Alkohol die Menschen eben nicht nur fröhlicher und netter macht und das Fest friedlich und gesund ist – sonst bräuchte es Rettungsdienst und Polizei in solchen Massen nicht.

BUDENZAUBER VON RALF WEISS
Ein Bild aus meiner 2012 mit dem Iphone fotografierten Serie „Budenzauber" über den Aufbau des Oktoberfestes. Diese große, unbebaute Fläche mitten in einer dicht bebauten Großstadt hat mich schon immer fasziniert. Die alljährlich wiederkehrende Verwandlung zum größten Rummelplatz der Welt wird von vielen Spaziergängern trotz Sperrung des Geländes gerne fotografiert. Ich war einer von ihnen.

INNENHOF MÜNCHEN VON ALEKSEI KLIUKVIN
Warum nicht durch das alte München schlendern und einfach auf irgendeine unscheinbare Straße oder in ein Gässchen abbiegen? Vielleicht begegnet man etwas Interessantem außerhalb der üblichen touristischen Pfade.

HANSASTR. 19 VON WERNER POLWEIN

Das Bild zeigt die ADAC Zentrale in München-Sendling, wo ich beschäftigt bin. Wir sind Ende 2011 dort eingezogen. Der Bau wurde vom Architekturbüro Sauerbruch Hutton entworfen und ich finde ihn einfach genial! Aus dem Turm hat man einen Blick auf München, der sich mit Jahreszeit, Tag, Wetter, Uhrzeit etc. immer wieder ändert. Ein Erlebnis, das ich vorher so nicht kannte und genieße.

BRÜCKEN SCHLAGEN AM MONOPTEROS VON KATHRIN WILKE

FREIER TAG AM FERINGASEE VON MARINETTE FISCHER

BILDERSERIE **NEUPERLACH** VON JUDITH FISCHER

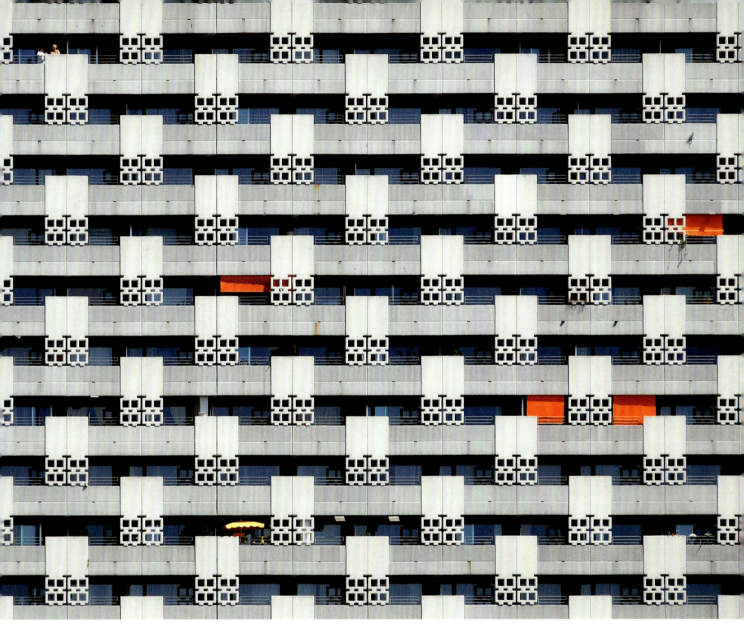

ARABELLAPARK VON MARKUS BUNDSCHUH
Mich faszinieren Formen und Strukturen in der Stadt. Die Fassade des Hotels im Arabellapark ist hierfür ein gutes Beispiel – und so untypisch für Münchner Architektur, vor allem im schicken Bogenhausen. Die vielen kleinen Details, wie Rollos und Sonnenschirme durchbrechen die graue Einheitlichkeit und machen so eine vermeintlich langweilige Beton-Fassade spannend.

**IMMER WIEDER SCHÖN.
MEIN WESTEND**
VON HARALD ROSSDEUTSCHER
Du kennst unseren Westend-Plaza? Vor ca. vier bis fünf Jahren haben wir (alles Westendler und balkonlos) nach einem Ort „für ein Bierchen" außerhalb des Biergartens gesucht. Daraufhin haben wir uns für einen anonymen Hauseingang entschieden. Bei schönem Wetter treffen wir uns alle paar Tage am Abend zum Ratschen. Augustiner gibt's gegenüber beim Pakistani für 1,10 Euro. Zum Teil sitzen wir zu 15t an der Ecke, Beschwerden gab es noch nie. Beim letzten Mal stand ein Sessel vorm Haus, die Bierbank haben wir uns aus dem Hinterhof eines Freundes geholt.

OHNE TITEL VON SASCHA DARGEL

BILDERSERIE VON VERENA ANGELIKA NIEDERREITER
GRÜNE MÄNNCHEN
Die kleinen Männchen sind an der Isar bei der Reichenbachbrücke. Ich komme oft daran vorbei und muss immer schmunzeln, wenn ich sie sehe: „Sie sind unter uns!"
SONNENSCHEIBEN
Die Sonnenscheiben waren im Botanischen Garten als Kunstinstallation aufgestellt. Der Künstler ist mir leider nicht bekannt, aber ich finde die Idee toll und die Scheiben haben auf der Wiese in ihrer Menge ein schönes Bild abgegeben. Es könnten auch die fliegenden Untertassen der grünen Männchen sein ;-)

KIESGRUBE FELDKRICHEN VON SASCHA GÜNAY
Das Bild war Bestandteil meiner Diplomarbeit „Soundscape".
Der Ort könnte überall sein, ist aber ums Eck.

EIN BISSCHEN SPASS MUSS SEIN VON NATIE WIEDHOPF
Unterführung bei Oberhaching

ONE HOUR PHOTO: MARIENPLATZ 1 VON MAXIMILIAN OTT
Aus meiner Fotoserie „one hour photos", in der ich einstündige Portraits von Orten erstelle und dann zu einem Bild zusammenfüge. Mein subjektiver Blick auf den Marienplatz, die Menschen standen alle genau an der Stelle, wo sie auf dem Foto sind, jedoch nicht zur selben Zeit. Mit Klischee ist das so eine Sache: Der Marienplatz ist ein Klischee, der Tourist, München nur durch die Kamera wahrnehmend, ist auch ein Klischee…kann man von klischeebefreit reden, wenn zwei Klischees aufeinanderprallen? Doch, denn ein Münchner, der Touristen fotografiert, die München fotogrfieren ist kein Klischee.

LAST SUPPER VON JOANA KELÉN

Münchens Restaurant- und Kneipenszene wird oftmals wenig Positives abgewonnen. Teuer, langweilig und wenig Alternatives. Und sofort steht München wieder im Vergleich mit anderen Großstädten, die viel mehr zu bieten hätten. Hält man die Augen offen und sucht nicht allzu verbissen nach dem „perfekten Lokal", findet man jedoch überraschend viel, was nicht auf das gängige München-Klischee zutrifft. Und sind nicht das Wichtigste sowieso die Menschen, mit denen man den Abend verbringt?

BILDERSERIE **FUCHS MIT PERLENKETTE** UND **SCHAUFENSTERPUPPE SITZEND** VON JOSEF FISCHER
Einer meiner Lieblingsmärkte ist der Flohmarkt in München-Daglfing. Er ist groß, bunt und die Mehrzahl der Verkäufer bieten Dinge aus dem Fundus ihres Hausrats an und sind dort nicht gewerblich tätig. Auf Flohmärkten verspüre ich das Gefühl, für eine gewisse Zeit sozialen Zwängen und aktuellen Modeerscheinungen zu entfliehen. An einem einzigen Stand findet man oft Ansammlungen aus mehreren Jahrzehnten und unterschiedlichsten Stilrichtungen.

SUMMER IN THE CITY VON PASCAL MÜLLER
Der Flaucher ist in den Sommermonaten Münchens ungezwungenes Grillzentrum für jede Art von Menschen. Der Gitarrensound und die flackernden Feuer erzeugen romantisches mediterranes Flair, fast wie ein Abend im Urlaub. Die Isar spült dazu jegliches Klischee, ob „Mia san mia" oder „Schickeria", fort.

HACKERBRÜCKE ZUR GOLDENEN STUNDE VON PHILIP WALLNER

Die Hackerbrücke im Stadtteil Ludwigsvorstadt ist eine wichtige Verbindung zwischen Nord und Süd, besonders während des Oktoberfestes. Da dieses Motiv schon oft fotografiert wurde, habe ich mich an einer Darstellung versucht, die noch nicht jeder kennt. Dazu wurden mehrere Bilder mit gleichen Aufnahmeeinstellungen übereinandergelegt, um insgesamt vier fahrende Bahnen im Bild zu haben.

OLYMPIABERG VON ANDREAS KERSCHGENS

FANG MICH DOCH! VON BJÖRN BEAU

Am Abend des Champions-League-Finales 2012 gelingt es einem Anhänger des FC Chelsea unbeobachtet auf eine der Statuen der Feldherrnhalle zu klettern. Auf dem Vorplatz feiern einige hundert Chelsea Fans den Sieg ihres Clubs und werden von dem Unbekannten angefeuert. Erst ein Kran der Feuerwehr kann den Mann wieder auf den Boden bringen. Für mich hat das Bild viel Spannung. Kennt man die Hintergrundgeschichte nicht, möchte man gern wissen, wie sich die im Foto dargestellte Situation entwickelt. Was passiert als nächstes? Zusätzlich thematisiert das Bild ein Reiben an Obrigkeiten. Ob der Unbekannte nur aus Jux auf die Statue geklettert ist oder fahrlässig ein historisches Denkmal der Verlierer besetzt hat, ist frei gestellt, jedoch steht fest, dass er damit eine Ordnungswidrigkeit begangen hat. Der Mann hatte aber Glück und wurde nach der Aufnahme seiner Personalien entlassen. Die Münchner Polizei ist dann doch nicht so streng, wie man immer denkt!

P2 / P3 VON CORY STEVENS
Allianz Arena is such an iconic image that it often overshadows the elements around it. I found these unique parking signs very interesting – especially when arranged within a minimal landscape.

„SOLO", 2011 VON FRANZISKA SEITZ
Englischer Garten: Außer mir war niemand unterwegs, fast niemand! Im Kontrast zu der kargen Landschaft stand mitten auf dem Weg einsam ein bunter Eiswagen – als wäre er ein vergessenes Relikt aus dem vergangenen Sommer.

MM „MEIN MÜNCHEN" VON HEINZ HERMANN WAHL

Ich schaue gerne um die „Ecken". Der Münchner Schlachthof bzw. das Schlachthofviertel befinden sich in einer Veränderungsphase. Alte Gebäude werden abgerissen. Was dann hier mal entstehen soll, ist mir nicht bekannt. Mit meinem Bild will ich den Umbruch zeigen. Die Öffnung zu neuen Wegen. Das „Alte" (Mauer mit Bahnanlage) im Vordergrund und das „Neue" im Hintergrund (Heizkraftwerk Süd). Was mich besonders an meinem Bild fasziniert, ist die Tatsache, dass die Graffitis den Ort schon in Beschlag genommen haben. München ist bunt. Entstanden ist das Bild im Februar, in der Zeit, wo der Himmel über München immer Weiß-Blau leuchtet. München ist nun mal sauber, ordentlich und aufgeräumt.

APPENDIX VON JOCKEL WIEDHOPF
Wenn der Schlachthof der „Bauch von München" ist, dann ist dieser Teil des alten Viehhofs wohl eher der Blinddarm. Abgeschottet von Mauern, kaum einsehbar am Ende der Brache, sind nur Hunderte von Spraydosen Zeugen des großen künstlerischen Fleißes.

THE SECRET VON NIKO LEMÓ
Am Ende der Prinzregentenstraße wacht der Friedensengel auf einer 38 Meter hohen Säule über München. Die goldene Statue ist nicht nur ein Blickfang, wenn sie nachts angestrahlt wird, sondern auch ein herrlicher Aussichtspunkt, wo ich gern den Himmel betrachte und über mein Leben nachdenke! Nimm an, was nützlich ist. Lass weg, was unnütz ist. Und füge das hinzu, was dein Eigenes ist. Dieses Bild ist meiner Familie gewidmet; Goldenspace, besonderer Dank geht an Ehsan, Tuncay und Festim!

LEOPOLDSTRASSE VON GÜNTER BARTL
Einsamer Wandler in der ruhenden Promenade. Die sonst so glamouröse und belebte Leopoldstraße aus einer anderen Perspektive bestätigt, dass München vielleicht doch die nördlichste Stadt Italiens ist.

VENEDIG VON PASING VON EVA LEVC
Man muss nicht immer weit verreisen. Vor ein paar Jahren ist eine Wohnoase in der Planegger Straße am Würmkanal entstanden. In den grünen Innenhöfen entdeckt man am späten Nachmittag viele Spiegelungen. Nur die Gondel fehlt.

DER AUER MÜHLBACH AN DER MONDSTRASSE VON SABINE SIEBERT
Einfach nur ein schönes Stück München. Karl Valentin sagte einmal ein Auslandsengagement ab, mit dem Kommentar: „Dann segat i ja mein Auer Mühlbach nimmer".

ZWEI TÜRME VON TOM ZILKER
Hochhäuser in München? Kaum denkbar. Die Highlight Towers ragen deshalb schon weit sichtbar ins Blickfeld jedes München-Besuchers. Und das dann auch noch in der Nähe des ehemaligen Szene-Viertels Schwabing, das nicht wirklich mit Hightech verbunden wird. Immer wieder finde ich es faszinierend, wie sich die Towers je nach Blickwinkel wandeln – vom klotzigen Hochhausblock zu den filigranen Türmen der Nordseite. Die Aufnahme entstand mit der Technik der Lichtmalerei an einem frühen Augustmorgen. Die aufgehende Sonne spiegelt sich in den Flanken der Türme und verleiht dem sonst so kühlen Bürogebäude einen warmen, goldenen Anstrich. Hightech-Standort München – ja, aber bitte herzlich!

BILDSERIE **CURVY STAIRS/ GO UPSTAIRS** VON BENNO KRESS
Diese beiden Aufnahmen zeigen das Kunstwerk „Umschreibung" von Olafur Eliasson, das vor KPMG in München steht. Es ist ziemlich versteckt dort im Innenhof und lässt viel fotografischen Spielraum.

DIE SCHATTENSEITEN DER PRACHT VON JUMANAH TUBAILEH

NATIONALTHEATER VON SUSANNE KRAUSS

Kaum ein anderer Ort in München trifft sowohl das typische Touristenbild der prunkvollen Ludwig I.-Stadt als auch das Klischee der ‚Münchner Schickeria' typischer als die Ecke zwischen Theatiner- Residenz- und Maximilianstraße. Die Gans, die all das scheinbar gelassen betrachtet, wird sicherlich keinen Funken Interesse an dem zur Schau gestellten Prunk haben. Sie ist der Gegenpol, der aus dem Postkartenklischee eine kleine Geschichte macht. Sie gehört dem Obdachlosen Heinrich Schön, der sich selbst als Gänse-Heinrich bezeichnet und seit Jahren immer wieder an dieser Ecke zu finden ist. Ob ich das, was er mit der Gans macht, gut finde? Nein, genauso wenig, wie ich die Pelzmäntel in der Maximilianstraße mag.

BILDERSERIE **EIN MORGEN IM OKTOBER AUF DER WIESN** VON CHRISTIN BÜTTNER
Normalerweise kennt man die Wiesn nur voller Menschen, bunt und laut. In den Fotos kann man den Trubel fast noch oder schon wieder spüren.

V_RFR_ _DE VON MICHAEL ALTENBUCHNER
Zufällige Aufnahme auf dem Weg in den Biergarten. Man sieht die Wiesn ohne die typischen Klischees – beim Aufbau, den nur die wenigsten mitkriegen und beachten.

DAS PINI HAUS STEHT AM STACHUS IN MÜNCHEN
VON VITUS MARIA HUBER
Für mich hat dieses Foto einen besonderen Reiz, da es sowohl den südlichen Flair meiner Stadt („Nördlichste Stadt Italiens") als auch eine sehr wichtige Kindheitserinnerung zeigt. Im damaligen Fotogeschäft Pini hatte ich 1984 nach langen zähen Verhandlungen mit meinem Vater meinen ersten eigenen und neuen Fotoapparat gekauft. Es war eine Nikon F 301, mit der ich wirklich viel unterwegs war, um alles und jeden auf Schwarz-Weiß abzulichten und dann im Keller meiner Eltern zu entwickeln.

PINI HAUS MÜNCHEN
VON FABIO GRAZIOLI
Stachus und Umgebung mal anders dargestellt. Das historische runde Eckhaus entstand 1877 und wurde 1907, 1933 und 2000 renoviert. Wenn dieses Gebäude wegen des besonderen Grundrisses und der Werbungen auf der Fassade an den berühmten One Times Square erinnert, dann sollte das eigentlich umgekehrt sein, da der One Times Square 1903 bis 1905 entstanden ist. Modernität in der Vergangenheit, in der Gegenwart und sicherlich auch in der Zukunft. Das ist auch München.

RELAX IN HAIDHAUSEN VON WALTER KORN
Sommer in München, es ist nicht immer ein Balkon, eine Terrasse oder was auch immer von Nöten, man kann den Münchner Sommer auch auf der Fensterbank genießen!

IM ALTEN NÖRDLICHEN FRIEDHOF VON PETRA HENKE
Mein Foto zeigt eine Hängematte mit Leser im Alten Nördlichen Friedhof in der Maxvorstadt. Als ich zum ersten Mal den Friedhof durchwandelte, war ich geschockt ob der Picknicker und Jogger. Aber es war auch skurril und so konnte ich nicht anders und zückte meine Kamera.

MÜNCHEN GANZ ENTSCHLEUNIGT! VON FLORIAN KLAMERT
In Zeiten der wachsenden Hetze und Unruhe pulsierender Metropolen mal einfach die Seele baumeln lassen. Auf der Hackerbrücke lässt sich ein Sonnenuntergang nicht nur mit „Style" genießen, sondern auch beim Fernweh das heimatliche Panorama aufs Prächtigste genießen und so bleibt zu Hause doch am schönsten. Und eh man sich versieht, ist man ganz gechillt und ohne Mühe „entschleunigt". DAS und viel mehr ist meine Stadt MÜNCHEN.

MÜNCHEN AUS METALL VON FERDINAND REUSS
Die Hackerbrücke ist das Tor zur Wiesn…
Der Hauptbahnhof das Tor zur ganzen Welt…

PIRATEN-FEELING VON OLGA VON LIEBIEG

Der Schnappschuss gelang mir während des Spaziergangs an der Isar entlang. Das Foto weckt in mir sofort ein Piraten-Feeling mitten in München. Grillen, Baden, Sonnen und Spazieren gehen am Fluss ist absolut klischeefrei, da jeder hin darf und es keine VIP Plätze oder Eintrittspreise gibt. Jeder ist im eigenen Flow und genießt die Zeit am Wasser mit Freunden und Liebsten (sei es Mensch oder Tier). Jeder verdient seinen Platz an der Isar!

MÜNCHEN IM STÄNDIGEN WANDEL VON RICHEZA HERRMANN
München hat eine magische Wand: Täglich steht sie anders da, wenn ich vorbeifahr'. Münchens schönstes Frei*Licht*Museum für Gegenwart-Graffitis an der Bahnunterführung Tumblingerstraße/Schlachthofviertel.

BILDERSERIE **FLOATING MUNICH** VON FLORIAN BIER
Mit München und seinem Klischee „…in München? …unmöglich! Aber viel Glück." wird nun kräftig aufgeräumt. Diese Bilder zeigen, warum es in München so einfach sein kann, z. B. einen Studienplatz oder Wohnraum für sich und seine Familie zu finden, locker noch am ersten Wiesn Samstag spontan einen Tisch im Zelt zu belegen… ja sogar beste Freundschaften mit „Zuagroaßt'n" einzugehen – denn in München „fließt's" – an jeder Ecke!

ERINNERUNG / GEDENKEN VON THORSTEN VON EYB
Das Foto zeigt den regennassen Granitblock zum Gedenken an die „Weiße Rose" Widerstandsbewegung im Hofgarten, auf der Oberfläche die Spiegelung des Ganges dahinter. Die „Weiße Rose" und die Geschwister Scholl sind meiner Meinung nach ein wichtiger Bestandteil der Münchner Vergangenheit.

WAS IST DAS? VON IVAN CHEVILLOTTE
Was ist das? Schönheit, Poesie, Charme, Lebensstil, Philosophie… alles, was Sie wollen… und auch noch das bequemste Auto aller Zeiten!

DER METZGER UNSERES VIERTELS IN HAIDHAUSEN VON BARBARA JANSEN
Markus. Er kennt jeden und jeder kennt ihn, er ist immer gut gelaunt, hat immer freche Sprüche, ist ehrlich und herzlich – auf jeden Fall „mein Bild von München"

MAX EMANUEL UND FAMILIE GÜNDOGAR VON PETER HERRMANN
Seit fünf Jahren betreibt die Familie Gündogar den Imbissstand im Biergarten der „Max Emanuel Brauerei" in der Maxvorstadt, Adalbertstraße. Angeboten werden türkische und bayerische Speisen. Die Tatsache, dass von einer türkischen Familie in einem solch alten Münchner Biergarten (über 130 Jahre) der Imbissstand betrieben wird, hat mich erstaunt und begeistert.

MEIN ISARUFER #2 – RENATURIERUNG 2011
VON VIOLETA KAMERI

Du mein Isarufer, wenn ich von der Reichenbachbrücke auf dich blicke, zeigst du mir jedes Mal ein neues Gesicht. Manche sagen, du seist immer überfüllt und nach jedem Wochenende voller Müll. Doch ich habe dich auch schon anders kennengelernt. Vor einigen Jahren, als du auf den Kopf gestellt wurdest (sie sagten, „man befreie dich aus deinem Korsett"), warst du einsamer als heute. So werde ich dich wahrscheinlich nie mehr sehen, jedoch beobachte ich dich weiterhin und lasse mich immer wieder von all deinen Facetten überraschen.

ISAR RAIL CROSSING
VON CORY STEVENS
Many people associate the Isar with hot summer days and grill parties with friends, but in this photograph I wanted to reveal a different perspective — the quiet cold of winter, against the backdrop of industry.

DIE LIEBE HÄLT EWIG VON MICHELLE GLEIXNER
Dieser Ort ist für mich ein schöner Ort, der viel Liebe ausstrahlt und auch immer noch ein Ort der Freude und des täglichen Wiedersehens zwischen Menschen ist, die sich mögen. Die Liebe ist ein großes Geschenk an uns. Ort: Thalkirchener Brücke am Tierpark Hellabrunn.

BILDERSERIE VON EVA KNEVELS
RAUMOBJEKT IN PINK NÄHE SCHEIDPLATZ
Die Belgradstraße zwischen Scheidplatz und Petuelring ist nicht gerade sehr aufregend. Oft bin ich hier entlang gefahren, ohne dass irgendetwas meine Aufmerksamkeit gefunden hätte. Nun, seit einiger Zeit, bin ich immer wieder fasziniert von diesem überraschenden Objekt in Pink, bis ich endlich zum Fotografieren angehalten habe.
MILBERTSHOFEN PIZZASERVICE
Ganz alltägliche Vorstadtsituation, mit der Spiegelung entsteht etwas Leichtes, Verspieltes, Skurriles.

HOLIDAY INN VON JURI GOTTSCHALL

Das 1971 erbaute „Holiday Inn" an der Leopoldstraße war viele Jahre ein modernes Wahrzeichen der Stadt. Knapp innerhalb des Mittleren Ringes und doch schon in Schwabing gelegen, begegnete es dem Besucher als erstes, wenn er die Stadt von Norden erreichte. Ende 2012 begannen die Abrissarbeiten, um Platz für eine neues Stadtquartier zu machen. Diese Entwicklung ist typisch für München und allgegenwärtig. Überall wird abgerissen, umgeplant, gebaut. Die Stadt wächst kontinuierlich und verändert ihr Gesicht in rasanter Geschwindigkeit. Das Bild zeigt das Hotel im Januar 2013. Die Sonne scheint in die verbliebenen Fenster und man kann nur ahnen, welche Geschichten sich hinter jedem dieser Zimmer verbergen. Wenige Wochen später war das Gebäude vollständig abgerissen.

BILDERSERIE **ABREAGIERT – ABRISS „ALTE CHEMIE"** VON KLAUS-ANTON ALTENBUCHNER
Da sind heute die Lenbachgärten. Die kleine Serie steht stellvertretend für den Abrisswahn in München und die Luxussanierung von Vierteln.

FENSTERBLICK
VON CHRISTIAN BAUER
Zu sehen ist der Olympiaturm bei Nacht während einer Veranstaltung. Das Foto entstand eher spontan aus meinem Fenster. Das Motiv mag ich wegen seiner vielfältigen Wirkung sehr gerne, egal ob bei Gewitter, Sonnenuntergang oder unterschiedlichen Tages- und Jahreszeiten.

RAMPENLICHT
VON ANDREA HEITMANN
Theater geht auch anders: Das Münchner Sommertheater im Englischen Garten (hier bei „Don Gil von den grünen Hosen") zeigt kostenlos professionelles Freilufttheater ganz ohne technischen Schnickschnack – dafür mit Picknick, fantastischer Sommer-Atmosphäre und großartigen Darstellern. Ich liebe es!

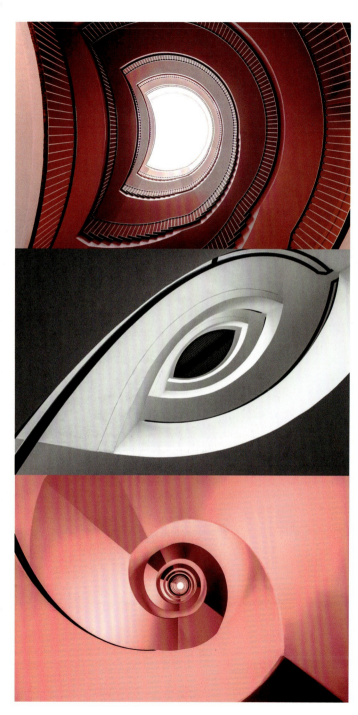

BILDERSERIE VON JOERG RIEHM
Die Suche nach dem richtigen Objekt und dem passenden Blickwinkel treibt mich immer wieder aufs Neue in die Stadt. München hat unzählige Motive, die es zu erkunden und erforschen gilt. Mein Hauptinteresse liegt darin, München auch einmal von seiner unbekannten Seite aus zu präsentieren.

THE LOLLIPOPER
Foyer des Geschäftshaus am Amiraplatz 1
PARTICULAR MONOCULAR
Aufgang zum niederländischen Konsulat in der Nymphenburger Straße 20a in der Maxvorstadt.
CRACKING UP ROSÉ
Längste Wendeltreppe in München (16 Stockwerke), gibt hiervon fünf baugleiche in den Munich Ten Towers, Berg am Laim.

HOFGARTENTÄNZCHEN
VON TANJA PAPAIOANNOU
Ein spontaner, unkonventioneller
Moment im Münchener Hofgarten.

NEUE BALAN VON KATRIN KORZENIETZ

Von München kennt man hauptsächlich die klassischen Altbaufassaden im Kontrast zu aufpolierten Glasfronten-Büro-Palästen. Was mich jedoch immer wieder reizt, ist der Industrie-Chic, den man hier und da immer wieder findet – mit seinen klaren Linien und wenig Schnickschnack. Darin kann sich mein Auge ausruhen. Das Bild ist auf dem „Neue Balan" Gelände in Giesing entstanden – einer Gewerbefläche, auf der von Werbeagentur bis hin zu Premiumgastronomie unter der Woche viel Betrieb verursacht wird. Sonntags ist es dort extrem ruhig und mich zieht es immer wieder dorthin. Linien, Linien und Geometrie… Wie auf diesem Bild bei der Gitterfassade der Begrünung zu finden. Dass davor dann immer wieder einzigartige Modelle (wie der formschöne Alfa Romeo hier) zum Blickfänger werden, macht es für mich nur noch spannender.

PARK.HAUS.SCHLUCHT VON SEE BAUER
Urbaner Futurismus Stadtbezirk 12,
Schwabing-Freimann
18mm | f 8 | 1/60 Sek | ISO 320

BILDERSERIE SURFIN' BAVARIA VON OLIVER RAUH
Selbst Weltstars surfen gerne auf unserer Eisbachwelle, Anziehungsmagnet von Wellenreitern aus der ganzen Welt. Fans, Freaks, Jung und Alt bringt die Welle zusammen und ist ein Ort der Freude und des (Surfer-)Glücks.

GARTEN ZUR FREIHEIT VON RENÉ
Biergarten muss nicht zwingend bayerische Gemütlichkeit unter Kastanien sein. Im Viehhof Biergarten beim Schlachthof fühlt man sich eher wie nach Berlin versetzt. Zwischen Abriss-Ästhetik, Bimmelbahn für Kinder, Salatkopf-Dekoration und Impro-Bühne schmeckt das Ayinger Bier besonders frisch.

DOUBLEDOUBLE VON AGNES MAYER
Das Bild ist eine Komposition einer Aufnahme der Maximilianstraße mit Blick auf die Statue des Grafen von Rumford und einer Aufnahme mit Blick auf das Gärtnerplatz-Theater. Durch die teils analoge, teils digitale Konstruktion entstehen neue, bisher unbekannte Ansichten – sozusagen „Mein Bild von München".

IF THERE BE LIGHT, THEN THERE IS DARKNESS VON MICHAEL EHLERT
Die Endstation einer kleinen und ungeplanten Fototour war der Odeonsplatz. Ohne jedes Ziel und Vorstellung bin ich in der Nacht mit meiner kleinen Kamera losgezogen. Dabei habe ich München für mich von einer ganz neuen Seite kennen gelernt: Viele Menschen feiern, genießen den Abend – sitzen im Freien und genießen die Nacht! Der Moment, als dieses Bild aufgenommen wurde, zeigt viele kleine Geschichten mit viel Licht und Schatten.

ENTSPANNUNG VON KÁROLY PUMP

ISARFEELING IM WINTER
VON ANKE FISCHER (AKA FRAU FISCHER)

Normalerweise ist der Flaucher – der Abschnitt zwischen „Flauchersteg" und „Braunauer Eisenbahnbrücke" an der Isar, ein sogenanntes Naherholungsgebiet in der Stadt für gestresste Münchner – ziemlich voll: im Sommer voll mit grillenden Menschen, im Winter voll mit Spaziergängern. Aber hier haben sich ausnahmsweise alle verkrümelt, inklusive der sonst anwesenden Schwäne und Enten. Man kann diesen Ort einfach nur lieben: Im Sommer Bilder wie aus der Becks-Werbung mit Bierkisten, die in der Isar gekühlt werden, und schönen Menschen, die unwahrscheinlich leckere Bratwürste grillen. Und im Winter lustwandeln hier gerne verliebte Pärchen oder Familien, die die Schwäne und Enten füttern. Für mich ein großer Teil Münchens, weil hier gelebt, gesurft und gefeiert wird, und zwar abseits jeder München oft von außen nachgesagten Schickeria-Seligkeit – auch wenn das Bild mit dem Eindruck der Stille diesem Klischee (also dass es hier oft sehr voll und belebt ist) gerade nicht entspricht. Damit ist das Bild quasi im doppelten Sinn klischeebefreit.

ALLEIN ZU ZWEIT AM OSTBAHNHOF VON GILLES BRÉVART

In ihren Gedanken beim Warten. René Burri, den ich 2005 am Gasteig getroffen hatte, könnte mir mit diesen Worten raten: „Nie keine Kamera dabei!". Diesen Rat versuchte ich seitdem so zuverlässig wie möglich zu befolgen, so dass viele meiner Aufnahmen auf dem Weg zur Arbeit (oder auf dem Rückweg) gemacht wurden. Hier ein Beispiel beim Umsteigen im Ostbahnhof. Mein Ziel bei dieser Aufnahme war, Alltag-Zeitzeuge zu sein und zu schildern, wie die Gesellschaft aussieht. Das heißt, generell allem die gleiche Aufmerksamkeit zu schenken und im Besonderen Menschen mit Empathie zu fotografieren. Die Schwarz-Weiss-Fotografie erschien mir die beste Lösung, um mich auf das Licht und die Motive zu konzentrieren.

BILDERSERIE VON GITTI CARRERA
Links: **LEBEN IM UNTERGRUND /// FERNSEHEN**
Rechts: **LEBEN IM UNTERGRUND /// ZEITREISEN**

DIE RUHE NACH DEM STURM VON NINA BACHMANN
Nach dem zweiwöchigen Touristenansturm liegt der Löwenbräu Löwe abgebaut vor dem Zelt auf der Theresienwiese. Es scheint, als würde die Wiesn ihm jedes Jahr aufs neue Leben einhauchen. Ist das Oktoberfest vorbei, sind auch die meisten Besucher verschwunden. Nur ein paar Münchner schlendern gemütlich über den Festplatz und genießen die eingekehrte Ruhe.

NIKE VON MÜNCHEN
VON ALEXANDER WILKE

ATMEN VON CHRISTINE STRIDDE
Diese Aufnahme zeigt Vater und Kind beim Spaziergang im Olympiapark. Für mich symbolisiert sie den seltenen und daher besonders genussvollen Moment des freien Durchatmens inmitten der Hektik der überfüllten Stadt, in der es sonst nur wenige Orte gibt, an denen man ein wenig Einsamkeit und natürliche Entspannung finden kann.

**SCHLITTENFAHREN
IN DEN MAXIMILIANSANLAGEN**
VON CLAUDIA SCHREYER
Meine am nächsten gelegenen Spazierwege führen durch die Maximiliansanlagen, die ich vor allem wegen der wunderschönen alten Bäume mag. Wenn es frisch geschneit hat, stapft man dort durch den Schnee und kann den Kindern beim Schlittenfahren zuschauen.

BILDERSERIE **MUNICH EXPOSED – PARALLELUNIVERSUM** VON NICK FRANK
An einigen Abenden habe ich das Hasenbergl und Umgebung fotografiert. Da ist es ja gar nicht so schlimm, wie man immer hört, und es sieht mal so gar nicht nach typisch München aus. Ich habe mich auf architektonische Details konzentriert und versucht, diese zu isolieren. Die Bildbearbeitung reflektiert den Entstehungszeitpunkt der Objekte/Elemente.

DAS LÄCHELN VON MARKUS SCHEIBEL
Das Bild zeigt unsere Papiermülltonnen. Eines Tages entdeckte ich, wie mich diese Tonne „anlächelte".

LAWINE DER GROSSSTADT VON MATTHIAS HAACK

Das Bild zeigt vermutlich ein ausrangiertes Transportmittel. Das „vermutlich" stellt den Reiz dar. Welchem Zweck diente es – zur Tierkörperbeseitigung? Es wurde abgestellt, ausgeweidet, allein gelassen. An einer bröckelnden Ruine. Und diente später Sprayern als Leinwand ihrer Gestaltungsfreude für eine neue Sichtweise. Es ist Opfer und Kunstwerk. Und wird entfernt werden.

DRECK AUS MÜNCHEN, GESAMMELT VON BILD VON WILFRIED TATUSCH

ZEITUNGSLESER VON ELLA BERSIN
Für das Neuste fällt die Eitelkeit. Nicht immer sitzt die Schickeria in München bei Champagner im Café.

aNTIK VON HUBERT JURANEK
Der Baucontainer. Beginnt hier die Ausstellung? Außen und innen. Wer schiebt den Container über die Stufen in die Ausstellung? Ich möchte in den Container.

BILDERSERIE DER SCHWARZE CLUB VON MEIK KÜST

Fernab der Prinzregentenstraße 1 und der Feierbanane lautet der Dresscode in der Ganghoferstraße 74 „Schwarz". Statt Hugo trinkt man hier eine Goaßnmass oder Met. Statt Lanvin trägt der weibliche Stammgast Selbstgeschneidertes oder Korsett. Statt Kanye West gibt's hier Subway to Sally oder In Extremo auf die Ohren. Das „Nerodom" lädt seit 2003 zu Gothik, Rock, Metal oder Mittelalter – je nach Motto – und ist dabei der wohl klischeebefreiteste Club der Stadt.

KURZE PAUSE VON CHRISTIAN SCHUSTER
Kino, Mond und Sterne im Westpark am 18.7.2013 –
eine echte Sommernacht!

ISAR RAFTING VON TIHOMIR GALOVIC
Gemütlich soll's sein, Humtata, Sonne und ausgiebige Brotzeit sorgen für Gelassenheit am Floßkanal in Thalkirchen.

GEISTERHAUS / GEISTERSCHIFF VON SILVANA E. SCHNEIDER
Blick vom Mars auf Hamburg? Nein. Blick auf echte Münchner Koggen
mitten in der Fußgängerzone!

DIE HACKERBRÜCKE HAT FEIERABEND VON KARO KNOTE

BILDERSERIE **LOST IN MAINSTATION** VON MATTHIAS DIETRICH

Der Lichteinfall am Hauptbahnhof an diesem Tag hatte Ähnlichkeit mit den Lichtleisten am Boden eines Flugzeugs, welche die Passagiere im Gefahrenfall sicher zum Ausgang geleiten sollen. So schien sich auch diese Dame daran zu orientieren. Wen oder was sie aber schlussendlich suchte, sollte mir ein Geheimnis bleiben. Denn so zielstrebig sie voranschritt, so verloren wirkte sie gleichzeitig. Eine Vorstellung, welche sich auch desöfteren in den Lebenswegen eines Münchners niederschlagen kann. Die Überzeugung und Entschlossenheit ein Ziel zu verfolgen, kann hier schnell von einer Blase des gedanklichen und materiellen Wohlstands umspannt werden, und – im schlimmsten Falle – den Blick für das Wesentliche verschließen.

TREND UND TRADITION VON LUISE ZIEZIO

BILDERSERIE **„MITTERNACHT IN MÜNCHEN"** VON PAUL PAPPITSCH

In der Nacht, es war Oktober, sind die Straßen schon fast leer. Aber das Leben geht weiter, in den Häusern. Deshalb wurden alle aus einer Voyeur-Position aufgenommen, eben von draußen in das Leben hinein. Einmal spiegelt sich das Kino in einer Auslage, der Blick durch Leuchtreklamen auf die Häuser und dann sieht man den Kellner in einem Restaurant.

INTEGRATION VON JOSEF STÖGER
Kinder voller Erwartung vor dem Fußballspiel des SV Laim

PUBLIC TRAINING VON OLIVER RAUH
„Mein" Englischer Garten ist ein Ort internationaler Völkerverständigung. Bayern, Münchener, Preußen, Amerikaner, Vereinte Europäer usw. Aber auch ein optimaler Flecken Erde für Stille (Beobachter) und öffentliche Momentaufnahmen: public training, public love, public fun, public bodies, public music, public moments.

OBERGIESING 2011 VON MARTIN ZINSSER
Obergiesing, der südöstlich des Münchner Zentrums gelegene Stadtteil, ist aktuell mit der Gentrifizierung an der Reihe. Alte Lokalitäten schließen und werden abgerissen, das Stadtbild wandelt sich rapide. Der ursprüngliche Charme und Charakter des Viertels geht verloren.

WADENSCHEIN VON CLAUS KRÜSKEN
Das Ende vom Wochenende. Dafür darf dann auch mal der Montag mit einem Hangover anfangen, wenn man vorher noch mal alle trifft – mit einem Bier in der Hand am Straßenrand. Klischeebefreit? Augustiner Bier an frischer Luft ist dann doch wieder ganz München.

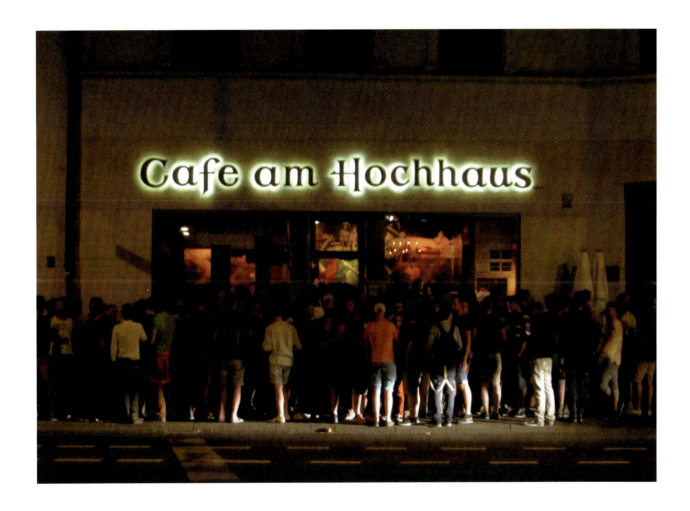

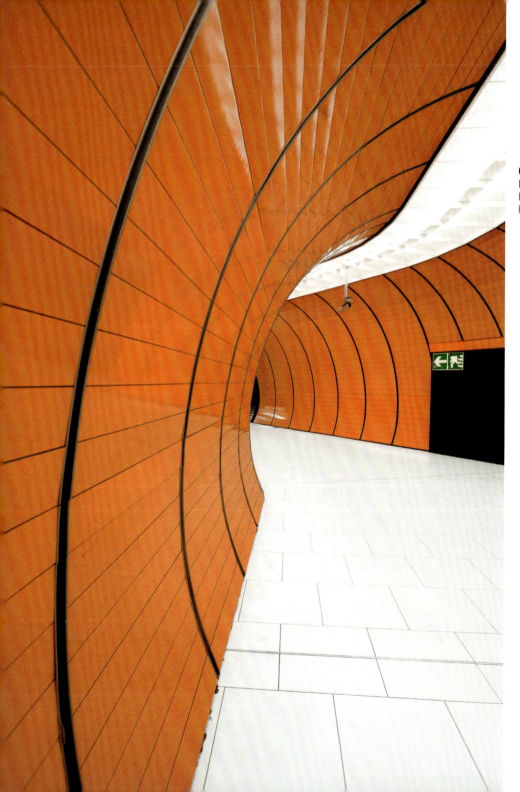

ORANGE VON BENJAMIN REGALI
Die Haltestelle Marienplatz:
Eine visuelle Reduktion auf Raum,
Farbe und Form.

IN MEMORIAN 'EDGAR HOPPER' VON SYLVIA WEISS

ASKESE-AUSZEIT VON PHIL SCHMIDT
Mit Technik bewaffnet auf Münchens höchstem Punkt – Buddha im Himmel der Bayern.

EIN STÜCK OSTEN IM WESTPARK VON NEOCLE GIORDANI
München, bayerische Stadt, aber mit einem Blick auf die restliche Welt.

ÜBER DEN DÄCHERN MEINER STADT
VON ALEXANDER HELLMICH
Bahnhofsviertel

MUCOPOLIS, 26. FEBRUAR 2010, NEUPERLACH VON CLAUDIA BERG

Das Bild entstand beim Testen eines Objektivs. Es zeigt die nächtliche Aussicht von einem Balkon im 13. Stock eines Hochhauses in Neuperlach. Ich habe es ausgewählt, weil niemand diese Skyline mit München assoziiert.

BLUE VON RAPHAEL PLÜMPE

Das Bild entstand während eines Spazierganges. Es zeigt einen Detailausschnitt des O_2-Towers am Georg-Brauchle-Ring in München Moosach und soll eine Brücke zwischen interessanter Architektur und dem ‚typischen' blau-weißen Himmel über München bilden.

Die Kombination von Moderne und dem gerne genannten Münchener Himmel habe ich so noch nicht als ‚typisch München' gesehen, aber gerade aufstrebende, neue Architektur gehört als weitere Facette zu München. Der Tower ist eines der Beispiele und die Nähe zum Olympiapark machen den Ort für mich so spannend.

FRÜHLING AM FLUGHAFEN VON ELENA DINITZ
Als ich das Foto aufnahm, war ich fasziniert vom Kontrast zwischen den sanften Blüten des Frühlings und dem modernen Gebäude am Flughafen, welches dazu noch die genau dahinter stehende Sonne teilweise verdeckte, was dem Foto den Glanz und die Ausstrahlung verliehen hat, wie ich sie auch empfunden habe.

TANZE! BETE! SCHLACHTE! VON SUSANNE VON LIEVEN-JELL
Thalkirchnerstraße, Nähe Schlachthof!

DIE GEDANKEN SIND FREI VON SABINE GISTL
Oktober 2012 bei uns in der Maxvorstadt vor Adeline Marxs Haute Couture Laden. Normalerweise tummeln sich vor den großen Fenstern voller Brautmode junge Frauen mit ihren Freundinnen oder Müttern. An diesem Tag jedoch stand in Gedanken versunken eine Nonne vor dem ausgestellten Kleid und betrachtete es lange und ehrfürchtig. Mich berührte dieses Bild sehr, denn es zeigt zwei Frauenfiguren, die durch ihre äußere Erscheinung sehr deutlich ihre jeweilige Verbundenheit zeigen. Das verbindet sie auf eine sehr spezielle Art und Weise, auch wenn die Lebensweise der beiden Frauen, die diese Kleider tragen, sehr unterschiedlich ist bzw. sein wird. Die natürliche monotone Farbgebung und die klare Linienführung unterstreicht die fließenden Formen der beiden Kleider, die im extremsten aller Kontraste zueinander stehen – Schwarz und Weiß.

TOP TOP LIEBLINGSPLATZ NR 1: MEINE BALKONAUSSICHT VON JENNIFER RHEIN
„Rot knallt in das Blau, vergoldet deine Stadt, und über uns zieh'n lila Wolken in die Nacht."

7:00 / IN MÜNCHEN UNTERWEGS
VON UTE FARLOCK

Donnersbergerbrücke am frühen Morgen. Die Menschen fahren mit dem Bus zur Arbeit. Das Bild entstand am Anfang einer Tagesreise auf dem Mittleren Ring, gemeinsam mit Menschen, die auch unterwegs sind. Klischeebefreit deshalb, weil es nicht das touristische München zeigt mit den schönen Plätzen und blauem Himmel, sondern München um 7 Uhr unter der Woche an einem kalten regnerischen Februartag.

MANN MIT REGENSCHIRM VON 7FD
München, Glockenbachviertel

SONNEN- UND SCHATTENSEITEN VON SILVIA GRÖSSWANG
Spontan gefielen mir die klaren Linien und das Licht und Schattenspiel. Die hübschen Beine rundeten mein Bild im Kopf ab.

FLAUCHERKÖNIGIN VON MIKE DULKEITH
(Text von Verena Niederreiter und Stefan Gineiger) Wir hatten eine Fotosession mit Mike und waten gerade durch die Isar zurück aufs „Festland". Verena lacht sich bei diesem Bild jedes Mal kringelig, dass Stefan wie ein Packesel bepackt ist und sie anmutig und würdevoll wie eine Königin an seiner Hand durchs Wasser schreitet. Stefan trägt auch das mit gelassenem Humor.

DER ERSTE PLATZHALTER VON GERD LASKEWICZ
Samstagmorgen 10 Uhr an der Isar. Blick von der Grosshesseloher Brücke auf die Kiesbank an der Isar. Noch herrscht himmlische Ruhe, bis die Erholungsuchenden und Freunde des Grillens ihre Plätze bezogen haben.

AFRIKA TAGE IM OLYMPIAPARK
VON GUNTHER SCHUCK
Das Herz des Festivals ist ein lebensfroher, kunterbunter Bazar mit Ausstellern aus vielen Ländern Afrikas, die mit ihrem Kunsthandwerk die Besucher in ihr jeweiliges Heimatland entführen.

AFRIKANISCHE PARTY IN MÜNCHEN VON INGRID FIRMHOFER
Mir gefällt das internationale Flair, das München endlich hat. Wenn man mal in eine andere Kultur eintauchen will, dann muss man dafür nicht unbedingt weit verreisen. Es stimmt übrigens nicht, dass man für Multikulti nach Berlin gehen muss und München diesbezüglich ein konservatives Nest ist. In München ist der Anteil ausländischer Mitbürger so hoch wie sonst in kaum einer anderen deutschen Stadt. München hat einen Ausländeranteil von 23,4 Prozent. Insgesamt liegt die Quote in Berlin nach Angaben des Statistischen Amts Berlin-Brandenburg bei 13,5 Prozent.

TOLLWOOD VON VIOLA FACHTNER
„Dieses Fest hat mich kaputt gemacht! Jetzt
bleib ich solange da, bis man ihm es ansieht.
(nach Herbert Achternbusch)

RADMILA VON BENJAMIN BINDER
Liebe meiner Jugend
Rätselhaft Singend
Zu meiner Freude Jugoslawisch

OLYMPIADORF MÜNCHEN
VON WOLFGANG DEMMEL
Studentenleben im Schatten des Olympiaturms – so bunt wie die Simpsons.

WELTPOLITIK AM FLUGHAFEN MÜNCHEN VON ADELHEID BEILHARZ
Der schillernde Weg zur Abflughalle F, dem Hochsicherheitstrakt für Flüge nach Israel. „Farbspiele gegen ernste Thematik?". „Farben gegen Ängste?" Gerade noch im Regenbogenland und plötzlich in einer drei Meter hohen, aus massivem Beton umschlossenen Abflughalle, von patrouillierenden Grenzposten der Bundespolizei umgeben. Sicherheit vs. Freiheit. Man hat Angst vor Anschlägen.

DIE WIESN NACH DER WIESN VON NIKOLAUS DÜNNBIER
Ich wohne in der Nähe der Theresienwiese und radle und spaziere oft drüber. Daher ist dieser meistens ungenutzte Raum für mich nicht in erster Linie ein Gelände für Events, sondern eher eine angenehme „Brache". Angenehm, weil dieser zentrale, große, freie Raum – völlig München-untypisch – zwangsläufig unverplant und unfertig geblieben ist und bleiben muss. Ein eigenartiges, ewiges Provisorum, das ich während der Auf- oder Abbauarbeiten für Oktoberfest und Winter-Tollwood besonders interessant finde. Eine solche Szene zeigt dieses Bild – nach der Wiesn, vor dem Tollwood.

DER SCHLAMM MUSS RAUS AUS DEM OLYMPIASEE VON URSULA MEISINGER-REITER
Seit nach den Olympischen Spielen 1972 das Gelände für alle zugänglich gemacht wurde, gehe ich immer wieder hin und genieße jedesmal vor allem den Anblick des Sees, der sich je nach Jahreszeit in einem anderen Gesicht zeigt. An dem Tag, an dem die Aufnahme entstand, war das Gesicht des Sees allerdings ein völlig unbekanntes, denn es war keinerlei Wasser im See, sondern lediglich eine Unmenge Schlamm. Als dann der Fahrer des Räumfahrzeugs angepresst kam, war der Grund für den wasserlosen Zustand aber schnell klar: Der Schlamm musste raus aus dem Olympiasee! Und weil dem Fahrer das Schlammverräumen sichtlich Spaß machte, habe ich ihm sehr lange dabei zugesehen, wie er immer wieder eine Fuhre quer über den See schob, dann zurückfuhr und von neuem mit Karacho einen Angriff auf den Schlamm startete. Das Im-Schlamm-spielen macht also nicht nur Kindern Spaß, sondern ganz klar auch ausgewachsenen Männern.

PERFEKT IN JEDER HINSICHT VON MONIKA KELLNER
Moderne Kunst vor den Kirchtürmen der Bayerischen Landeshauptstadt mit blau-weißem Himmel und jede Menge Grün – was München so lebenswert macht! Fotografiert aus dem BayWa Hochhaus.

AKADEMIE DER BILDENEN KÜNSTE VON KAY UWE EINBECKER

LEBENDIGE RUHE VON CLAUDIA AIGNER
München steckt voller Gegensätze wie kaum ein anderer Ort. Die Stadt hat 1,4 Millionen Einwohner und ist manchmal klein wie ein Dorf. Sie ist modern und lebt doch viele Traditionen. Sie steht für Effizienz und Erfolg, aber auch für Gemütlichkeit. Diese Gegensätze finden sich im Großen und im Kleinen wieder. So auch am Alten Südlichen Friedhof. An einem Ort der Trauer findet sich hier das Leben wieder.

ZWISCHEN DEN GRÄBERN
VON SIBI RULAND

Auf dem Münchner Waldfriedhof schwebt ein engelsgleiches Wesen umher, mystisch und geheimnisvoll. Es war mir ein inneres Bedürfnis den Waldfriedhof mit `meinem´ Engel zu versehen und habe das Modell dort inszeniert.

BILDERSERIE **EINUNDACHTZIG** UND **ZWEIUNDACHTZIG** VON LUDWIG DANNER

Nach tausenden von Kilometern und unendlichen Streifzügen habe ich immer noch nicht das Gefühl, diese Stadt auch nur annähernd erfasst zu haben. Eines ist jedoch klar, das oberflächliche Postkartenidyll mit dazugehörigem Klischeekatalog hat mit der Seele dieser Stadt nur wenig zu tun. Der Zauber und das wahre Gesicht blitzt da auf, wo niemand hinschaut, und zwar gerade so verschwindend kurz, um eine Ahnung zu bekommen, was diese Stadt wirklich ausmacht – in den Hinterhöfen der Giesinger Mietskasernen, dem Gewusel zwischen Spielotheken und Gemüsemärkten rund um den Hauptbahnhof, auf einem einsamen Kinderspielplatz am Mc Graw Graben, am Tresen einer Boazn im Schlachthofviertel oder am Dönerstand unter der Donnerbergerbrücke. Es gibt unzählige dieser wundersamen Orte. Man sagt, der Anteil dunkler Materie, also nicht direkt sichtbarer, aber mit „Gravitations-Wechselwirkung" behafteter Materie im Weltall beträgt 80 %. Das Münchener Universum hat ein ähnliches Verhältnis zwischen Sichtbarem und Unsichtbarem und das ist gut so.

MITTENDRIN VON AMELIE QUACK

An diesem Abend verließ ich das Haus ohne Ziel und landete bei einem lauen Sommerjam von Franz & Igor (Jukebox Munich). Die Gärtnerplatzinsel kam mir vor wie ein Mikrokosmos, in dem die Zeit stillstand und alle Menschen durch die Musik und in ihr verbunden waren.

FRIEDENSENGEL SUNDOWNER VON LAILA ELSNER
Mein Baby hat mich nach der Arbeit mit einem Picknick am Friedensengel überrascht. Blick über München, Sundowner und sie so da… Bestes!

HERZLICHEN DANK AN UNSERE **SPONSOREN**:

Bartu Bio Eis & Bio Pizza
Hästens Store München
Mac Consult Christoph Fries
Mauritius Bildagentur
Rüdiger Bock Friseure

FÜR DIE REALISIERUNG DER AUSSTELLUNG UND VERNISSAGE BEDANKEN WIR UNS BEI:

PRATERSTRAND
SINCE 2013

A well-spent day brings happy sleep.

HÄSTENS STORE MÜNCHEN
PASSION FOR BEDS GMBH
Maximiliansplatz 12b, 80333 München
Tel 089-2424 3931
muenchen.maximiliansplatz@hastensstores.com

 /HastensMuenchen

hastens.com

Wir lieben Außergewöhnliches - außergewöhnlichen Service!

Gratis: Farbkalibrierung

Bringen Sie uns dieses Buch vorbei und wir erstellen Ihnen gratis ein Monitorprofil für Ihren iMac, oder Ihr MacBook. Perfekte Ergebnisse mit dem professionellen Messgerät basICColor DISCUS!

Ihr Apple Autorisierter Händler für Fotografen und Kreative.
Farbverbindliches Arbeiten vom Monitor bis zum Drucker. Informationen aus erster Hand.

MacConsult · Tumblingerstraße 48 · 80337 München · Telefon 089/54 40 32 87 · info@macconsult.de

Für Nachdenker, für Umdenker, für Querdenker – **für Visionäre.**

Bilder, die uns alle bewegen.

www.mauritius-images.com

mauritius images

picture your vision.

„ICH BIN MODEL"

Fotomodelle haben's nicht leicht. Immer hungern, in Pose sein und schön zickig bleiben. Als Modell bei uns kannst Du Dich entspannen und bekommst das Styling, das wirklich zu Dir passt. Einfach schön sein – ohne zu hungern!

Brunnstrasse 9 | 80331 München | 0 89 - 23 66 15 - 0 | www.rb-friseure.de

BILD-RECH UND KON-TAKT

Name	Seite	Kontakt
Aigner Claudia	156	claudia@ideengestalt.eu
Altenbuchner Klaus-Anton	93	altenbuchner.net
Altenbuchner Michael	73	michael.altenbuchner@gmx.de
Bachmann Nina	108	nina.bachmann@gmx.net · ninabachmann.de
Bartl Günter	65	© Marion Steiner · artdesire.de
Bauer Christian	94	bauland-photography.de
Bauer See	99	mail@seepia · seepia.de
Beau Björn	59	bjoern.beau@gmx.de
Beilharz Adelheid	151	farbelebt.de
Berg Claudia, Journalistin	135	cb@knowledgebazar.de · knowledgebazar.de
Bersin Ella	116	© Marion Steiner · artdesire.de
Bier Florian	83	zweiff.de
Binder Benjamin	149	ben.binder@libero.it · art2gianato.org
Blaschke Katrin	34	blaschkekatrin@gmail.com
Brévart Gilles	106	brevart@googlemail.com
Breun Birgit	36	birgitbreun@gmx.de
Brundiers Ilona	11	ilona@brundiers.net
Bundschuh Markus	47	shot-in-munich.jimdo.com
Büttner Christin	72	mail@christinbuettner.de · christinbuettner.de
Gitti Carrera	107	gitti@gittikitti.com
Chevillotte Ivan	85	ivan-chevillotte.de
Corbishley Peter	24	pete@fo-en.de · fo-en.de
Danner Ludwig	158, 159	ludwigdanner.tumblr.com
Dargel Sascha	49	
Demmel Wolfgang	150	w.demmel@t-online.de
Dietrich Matthias	123	matthias.dietrich86@gmx.de
Dinitz Elena	137	
Dorrit & Eichhorn Produktion	35	dorrit-eichhorn.de
Dünnbier Nikolaus	152	nikolaus.duennbier@googlemail.com
Dulkeith Mike	144	dulkeith.com
Eder Michael, Meisterwerk-Fotografie	25	eder-foto@t-online.de
Ehlert Michael	103	m.ehlert@me.com · ehlert-fotografie.de
Einecke Kay Uwe	155	
Elsner Laila	161	lailaelsner@yahoo.de
Esen Jacqueline	18	fotonanny.de
Fachtner Viola	148	
Farlock Ute	141	usmeerwald@yahoo.de
Firmhofer Ingrid, Photojournalist	147	travel-impressions.de · hochzeitsreportage.biz
Fischer Anke	105	anke.fischer@gmx.com
Fischer Josef	55	seppifischer@gmx.de
Fischer Judith	46	judschka.tumblr.com
Fischer Marinette	45	fischer.marinette@googlemail.com
Frank Nick	112	iso72.de
Galovic Tihomir	120	tgalovic@gmx.net
Gansch Regina	27	
Geilich Melanie	33	urbanhinterland.com
Geith Richard, freier Journalist	40	geith.r@t-online.de
Giesder Stefanie	21	stefanie.giesder@klares-design.de · fotografin-giesder.de
Giordani Neocle	133	neocle@teletu.it · neocle.wix.com/lefotodineocle
Gistl Sabine	139	gistl@boccalu.com · boccalu.com
Gleixner Michelle	90	gleixnr@gmx.de
Gottschall Juri	92	jurigottschall.com
Grabsdorf Gerhard	31	gerhard.grabsdorf.de
Grazioli Fabio	75	fabiograzioli.de

Name	Page	Contact
Grösswang Silvia	143	
Günay Sascha	51	info@sascha-guenay.net · sascha-guenay.net
Haack Matthias, freiberuflicher Redakteur	114	fabulant@freenet.de
Haas Willi	10	willihaas.com
Haberkorn Norbert	39	norbert@artosophy.com · artosophy.com
Hagemann-Ulms Monika	15	moni.hagemann@web.de
Harengel Peter	38	peter@harengel.com
Heitmann Andrea	95	ensemble-design.de
Hellmich Alexander	134	tecno@gmx.de
Henke Petra	77	henke.petra@googlemail.com
Herrmann Richeza	81, 82	richeza@gmail.com
Herrmann Peter	87	herrmann.p@arcor.de
Hruby Ondrej	32	ohruby.com
Huber Vitus Maria	74	
Jansen Barbara, b-art photography	86	kontakt@just-be-art.com · just-be-art.com
Juranek Hubert	117	info@hubertjuranek.at · hubertjuranek.at
Kameri Violeta	88	vio.kameri@gmx.de · violetakameri.wordpress.com
Kelén Hans	19	kelen@sputniks.de · sputniks.de
Kelén Joana	54	cargocollective.com/joanakelen
Kellner Monika	154	
Kerschgens Andreas	58	andreas.kerschgens@t-online.de
Klamert Florian	78	klamert9@googlemail.com · twentysixpix.blogspot.de
Kliukvin Aleksei	42	aleks@posteo.de
Klockow Dorothea	37	
Knevels Eva	91	evaknevels@t-online.de · fo-en.de
Knote Karo	122	karolin.knote.net
Körber Sven	14	sven.koerber@gmx.net · sven.zenfolio.com
Korn Walter	76	walter_korn@yahoo.com
Korzenietz Katrin	98	kay.kay.visual@gmail.com · kaykayvisual.tumblr.com/
Krauss Susanne, Dipl.-Designerin / Fotojournalistin	71	foto@susanne-krauss.de · susanne-krauss.de
Kress Benno	69	
Krüsken Claus	129	
Küst Meik Stefan	118	meik@meik-kuest.de · meik-kuest.de
Laskewicz Gerd	145	
Lemo' Niko	64	lemophotography@gmail.com
Levc Eva	66	michail60@web.de
Licci René	101	
Lobisch Maria	26	post@marialobisch.de
Lutz Philipp	12	kontakt@philipp-lutz.net · philipp-lutz.net
Mayer Agnes	102	matershol@gmail.com · matersholpictures.blogspot.de
Meisinger-Reiter Ursula, Fotografin und Autorin	153	
Müller Pascal	56	pascal_mueller@me.com · pascalmueller.eu
Frank Nick	112	iso72.de
Niederreiter Verena Angelika	50	sternenseele@gmail.com · sternenseele.de
Ott Maximilian, Fotografie und Grafikdesign	53	ott@d-design · d-design.de
Papaioannou Tanja	97	tanjapapa@web.de
Pappitsch Paul	125	paul@pappitsch.at
Pieper Renate	29	r.pieper@mnet-mail.de · fo-en.de/renate-pieper
Plümpe Raphael, Canis Dirus Photography	136	dw@canis-dirus.de · canis-dirus.de
Polwein Werner	43	WePo62@gmail.com · plus.google.com/104503558308991096614
Pump Károly	104	karolypump@yahoo.de
Quack Amelie	160	amelie.quack@gmail.com
Rauh Oliver	100, 127	oliverrauhphotography.blogspot.com
Regali Benjamin	130	hello@rayben.net
Reisz Johann	20	
Reuss Ferdinand	79	ferdinand.reuss@gmx.de
Rhein Jennifer	140	jenniferjamilah@yahoo.de
Riehm Joerg	96	j.riehm@gmx.de · 500px.com/joe_avalanzia
Rossdeutscher Harald	48	harald.rossdeutscher@gmail.com
Rudolph Rita	28	
Rudolph Philipp	13	
Ruland Sibylla	157	info@sibruland.de
Sauter Oliver	30	
Scheibel Markus	113	
Schmidt Phil	132	phil@philschmidt.net · photos.philschmidt.net
Schneider E. Silvana	121	silvanaschneider.de.tl
Schreiner Sebastian	23	schreiner.sebastian@arcor.de
Schreyer Claudia	111	claudia-schreyer@gmx.de
Schuck Gunther	146	myfotofreunde.de
Schuler Pesche	17	schuler@glasfaeh.ch
Schuster Christian	119	
Schweizer Fiona, Fotografie	16	fiona.schweizer@web.de
Seitz Franziska	61	franzi-zischka@gmx.de · flachware.de/franziska-seitz
Siebert Sabine	67	
Stevens Cory, Photography	60, 89	corystevens.ca
Stöger Josef, Stoegerfotografie	126	stoegerfotografie.com
Stridde Christine	110	flickr.com/photos/scsbooth
Tatusch Wilfried	115	tatuschw@web.de
Tubaileh Jumanah	70	juppy2686@gmx.net
von Eyb Thorsten	84	
von Liebieg Olga	80	liolavon@posteo.eu
von Lieven-Jell Susanne	138	susanne-jell.de
Wahl Heinz Hermann	62	hhwahl@t-online.de · fo-en.de/heinz-hermann-wahl
Wallner Philip	57	philip.wallner@gmx.de · philipw.de
Weiss Ralf, Kamera und Fotografie	41	info@ralfweiss.com · ralfweiss.com
Weiss Sylvia	131	weiss-werke.de
Westermann Sandra	22	sandragm.westermann@gmail.com · sandrawestermann.de
Wiedhopf Jockel	63	jockel@wiedhopf.de
Wiedhopf Natie	52	natie.wiedhopf@gollygosh.de
Wilke Alexander	109	alexander.wilke@yahoo.de
Wilke Kathrin	44	
Zed	142	
Ziezio Luise	124	www.luise-ziezio.de
Zilker Tom, photo art	68	mail@tomzilker.de · tomzilker.de
Zinßer Martin	128	mz-photographie.de

IMPRESSUM

ORGANISATION/REDAKTION
Meik Küst, Hans Kelén, Anja Kelén

ART-DIREKTION
Meik Küst
www.meik-kuest.de,
meik@meik-kuest.de

unterstützt durch
Joana Kelén
cargocollective.com/joanakelen
joana.kelen@sputniks.de

HERAUSGEBER
sputniks werbeagentur gmbh
Viktoriastraße 1, 80803 München
www.sputniks.de, info@sputniks.de

1. Auflage: September 2013

DRUCK UND VERARBEITUNG
Aumüller Druck GmbH & Co. KG
Weidener Straße 2, 93057 Regensburg
www.aumueller-druck.de, info@aumueller-druck.de

Alle Urheber- und Nutzungsrechte vorbehalten
© sputniks werbeagentur gmbh
ISBN 978-3-9814878-1-7

Alle Rechte vorbehalten. Kein Teil des Werks darf in irgendeiner Form ohne schriftliche Genehmigung der sputniks werbeagentur gmbh reproduziert oder unter Verwendung elektronischer Systeme verarbeitet, vervielfältigt oder verbreitet werden. Für die in diesem Buch abgedruckten Fotos haften allein die Fotografinnen/Fotografen. Insbesondere haften sie dafür, dass ihnen die uneingeschränkten Verwertungsrechte für alle Bildteile zustehen, dass die Fotos frei von Rechten Dritter sind und dass bei der Darstellung von Personen keine Persönlichkeits- oder sonstigen Rechte verletzt werden. Die Bildtexte sind persönliche Bemerkungen der Fotografinnen/Fotografen.

www.meinbildvonmuenchen.de

 / MeinBildVonMuenchen